LETTRE

A

SA SAINTETÉ PIE IX

NN. SS. les Évêques et en particulier NN. SS. les Évêques de France, ainsi que MM. les Ecclésiastiques du diocèse de Chartres, sont priés de considérer cette Lettre comme leur étant aussi adressée, et de s'intéresser aux demandes qu'elle contient.

PARIS

IMPRIMERIE DE DUBUISSON ET Ce

5, RUE COQ-HÉRON, 5

1860

LETTRE

A

SA SAINTETÉ PIE IX

Très Saint Père,

De graves événements préoccupent aujourd'hui le monde religieux et politique; mais c'est un droit et même un devoir pour l'homme de croire que Dieu veille sur les particuliers comme sur les empires. C'est surtout pour nous, enfants de la sainte Église, une consolation de savoir que Votre Sainteté représente en tout point celui que l'Écriture appelle le *Père des miséricordes*.

Animé par cet esprit de foi, j'ose élever ma voix du fond de mon obscurité pour recommander à vos soins paternels mon fils, M. l'abbé Brière, vicaire de Bonneval, au diocèse de Chartres.

Je n'ai plus moi-même que quelques jours à passer sur la terre, et celui qui vous prie est un vieillard incliné vers la tombe. J'ai d'ailleurs la conviction que la paternité spirituelle n'inspire pas moins d'affection que celle dont Dieu a bien voulu m'honorer; aussi, je mourrai sans inquiétude en pensant que mon fils a, dans le Chef de l'Église, *un Père* qui l'aime beaucoup plus que moi et beaucoup mieux encore. Ce que je me plais à certifier avant tout, c'est qu'il a parfaitement rempli à mon égard le commandement qui dit à l'homme :

> Tes père et mère honoreras,
> Afin que tu vives longuement.

Prêtre depuis dix années, et sachant que Dieu réserve à l'Église des bénédictions abondantes pour les temps qui suivront la proclamation dogmatique de l'Immaculée Conception, mon fils s'est appliqué particulièrement à les demander, en unissant ses prières à celles de plusieurs confrères. Il conçut alors quelques pensées, et fit à ce sujet un voyage à Rome, en l'année 1854. L'accueil qu'il reçut dans la ville éternelle fut très bienveillant ; mais, dans une trop courte audience, il put à peine dire à Votre Sainteté quelques mots de ses pensées. Le R. P. Largo, examinateur du Saint-Office, ayant désapprouvé, par un avis simplement verbal toutefois, les doctrines qu'on lui exposait, le jeune pèlerin, de retour à Chartres, oublia tout complétement, pour s'appliquer à ses devoirs. (1)

Quelques circonstances réveillèrent peu à peu ce qui était assoupi. Mon fils a d'abord consulté des prêtres éclairés, pour savoir s'il devait s'en tenir à l'avis qu'il avait reçu à Rome, et tous ont été unanimes pour lui

---

(1) Pour affaiblir l'opposition qui se trouve entre l'avis du R. P. Largo et le sentiment privé de M. le vicaire de Bonneval, je dois dire que ce dernier n'a présenté au Saint Office que ses pensées dogmatiques, se proposant de présenter ensuite ses projets. Désormais tout sera présenté à la fois, dès qu'il y aura espoir que cette présentation puisse avoir lieu avec succès. Et si l'on reprochait à M. l'abbé Brière de n'avoir pas saisi tout d'un coup l'ensemble de son immense pensée, il répondrait simplement que Dieu a créé le monde en six jours et non pas en un jour.

affirmer qu'il pouvait solliciter un jugement proprement dit.

C'est en effet un principe élémentaire en matière de droit civil, qu'on n'est point obligé de s'en tenir à de simples avis, quelque respectables qu'ils soient. L'ordre judiciaire est la garantie la plus forte de la liberté individuelle ; et, le concile tenu à Paris en 1849 a proclamé de nouveau ce droit pour les matières ecclésiastiques.

En conséquence, M. l'abbé Brière a fait auprès de ses supérieurs immédiats plusieurs démarches à l'effet d'obtenir un jugement définitif. Des canonistes lui ont dit que c'est à Chartres qu'il doit s'adresser avant tout ; néanmoins, comme les jugements ecclésiastiques sont tombés en désuétude en France, cette demande a paru singulière. En outre, si mon fils avait pu, contre son gré, manquer aux saintes lois du respect, il me prie d'offrir en son nom à Mgr l'Évêque de Chartres, et en présence du Chef de l'Église, les plus sincères excuses. Il persévère aujourd'hui simplement dans les intentions qu'il a manifestées à l'autorité diocésaine, et il avait prié M. Paquert, vicaire général, dont le diocèse pleure la mort, de vouloir bien corriger ou réformer ce qu'il y aurait de défectueux dans ses suppliques du 1er novembre, du 15 novembre et du 2 décembre 1859.

Monseigneur a déjà fait auxdites lettres une réponse préliminaire, transmise à mon fils par M. le curé de Bonneval, en date du 10 décembre, et confirmée par une lettre de M. l'abbé Y..., chanoine, en date du 19 mars dernier. Se trouvant déjà très heureux des points accordés ou reconnus, M. le vicaire de Bonneval n'a point l'intention de chagriner ses supérieurs immédiats par des vœux indiscrets. C'est pourquoi, se fiant à la vertu de Monseigneur, et espérant que M. l'abbé Barrier, vicaire-général, ne négligera rien pour les intérêts de son élève, il a eu l'honneur d'envoyer à Chartres l'exposé de ses pensées, dans une lettre adressée à Votre Sainteté, qui ne connaît point lesdites pensées. M. le Curé de Bonneval a bien voulu donner en même temps la recommandation suivante, accordée non à la doctrine, mais à la personne du suppliant :

« MONSEIGNEUR,

» Je viens recommander à votre sollicitude la pièce que vous adresse M. l'abbé Brière. Il mérite à tous égards votre bienveillance, et je prie Votre Grandeur de ne pas la lui refuser.

» Veuillez agréer les respectueux hommages avec lesquels j'ai l'honneur d'être,

» De votre Grandeur,

» Monseigneur,

» Le très humble serviteur,

» T***.

» Bonneval, 11 avril 1860. »

D'autre part, pour ne point manquer à la confiance toute filiale qu'il a constamment manifestée envers le chef de l'Église, et conformément à un avis donné par Monseigneur notre évêque, il m'a prié de vous adresser à Vous-même une demande, laquelle, sans être sienne, donnerait un caractère plus sérieux à ses propres démarches, et préviendrait un conflit toujours regrettable, lors même qu'il est nécessaire. Dans une lettre que j'eus l'honneur d'écrire à M. l'official diocésain, vers la fin de novembre, j'avais annoncé l'intention d'invoquer l'appui de S. M. l'Empereur, comme celui d'un puissant intermédiaire, pour arriver jusqu'au Père des

Fidèles. Mais un député au Corps législatif ayant été préalablement consulté, a répondu que l'Empereur s'occuperait difficilement de cette affaire, parce que son concours, quel qu'il pût être, paraîtrait plus ou moins un empiètement sur le pouvoir ecclésiastique, empiètement qui répugne à la sagesse comme à la modestie de notre auguste souverain. J'ai donc pris, et de bon cœur, le parti de m'adresser à Votre Sainteté elle-même, et cela sans avoir demandé le conseil de personne; que ma démarche soit prudente ou imprudente, réfléchie ou irréfléchie, je ne l'examine pas, parce que je parle à un père, et que, suivant moi, il serait absurde qu'un fils écrivant à son père examinât s'il va se compromettre. Dieu aime les hommes, il s'est fait homme; il doit donc y avoir un homme à qui l'on puisse parler sans avoir réfléchi, pourvu qu'on le fasse avec respect et confiance; cet homme, dit mon fils, c'est le chef suprême de l'Église de Dieu, le Père véritable de la grande famille humaine.

M. l'abbé Brière, précédemment professeur à l'institution Notre-Dame de Chartres, a dû nécessairement rencontrer quelques difficultés, car une idée ne se produit guère sans l'épreuve salutaire de la contradiction. Toutefois, il me serait facile, au besoin, de prouver qu'il a toujours joui de l'estime publique. Je ne citerai ici que quelques témoignages, et ces témoignages n'ont été aucunement sollicités, ce qui leur donne une valeur d'autant plus grande.

Lorsqu'au mois de septembre dernier, mon fils, fatigué des nobles mais pénibles fonctions du professorat, accepta le vicariat de Bonneval, M. l'abbé Brou, directeur de l'institution Notre-Dame, se trouvait à Poitiers, et, sincèrement peiné du départ de son professeur, il lui écrivit une lettre qu'il terminait ainsi :

« .... En attendant que je puisse vous dire combien j'ai été sensible au dévouement dont vous avez fait preuve à l'institution Notre-Dame, permettez-moi de vous assurer que je suis extrêmement contrarié de voir que vous nous quittez, et que vous nous quittez lorsque nous nous croyions certains de vous posséder encore.

» Veuillez agréer, Monsieur l'abbé, l'expression de mes sentiments de respect et de reconnaissance.

» CH. BROU.

» Poitiers, le 15 septembre 1859. »

Mon fils, craignant d'avoir manqué à l'institution Notre-Dame, et sachant que son départ était singulièrement interprété par quelques personnes, s'en ouvrit à un honorable curé des environs de Chartres ; cet ecclésiastique alla d'abord trouver Monseigneur, lequel assura qu'il ne s'était jamais départi de sa bienveillance envers M. l'abbé Brière, et, après avoir fait en particulier l'éloge de l'obéissance de son subordonné, Sa Grandeur ajouta cette parole, que j'aime à prendre pour une prophétie : *Vir obediens loquetur victoriam.* Vous avez parfaitement agi, disait l'officieux correspondant, et tous les confrères n'ont pour vous que des sentiments d'estime et sympathie.

Une lettre que M. Barrier, vicaire-général, me fit l'honneur de m'adresser, n'est pas moins significative, mais au lieu de m'étendre sur les éloges de celui que j'ai l'honneur de recommander, je dirai simplement qu'il a répondu à l'affection de ses supérieurs. M. le curé de Bonneval disait dernièrement à une dame de la paroisse, et je la nommerais au besoin, je cite un fait : « Je suis vraiment enchanté de M. Brière ; en arrivant, il m'a dit : « Je suis votre homme, demandez-moi tout

» ce que vous voudrez, je le ferai ; » il a tenu parole, et quelle que soit la chose que je lui demande, il est toujours prêt, toujours dispos. »

Jamais l'humble vicaire n'a reçu autant de témoignages d'estime de la part de ses supérieurs et de ses confrères que depuis son séjour à Bonneval ; je les ferai connaître un jour, ces témoignages, afin de montrer combien mon fils s'estime heureux de posséder l'amitié de ceux dont ils émanent. Aujourd'hui, je me contenterai d'exposer brièvement les motifs pour lesquels il désire un jugement, en s'en rapportant toujours à la haute direction de ses supérieurs ecclésiastiques. Votre *cœur de Père*, qui est au-dessus de toute loi canonique, est le point central sur lequel il veut s'appuyer, et si une commission est nommée pour l'examen de ses pensées, il serait heureux que quelques professeurs de l'Université de France en fissent partie. Content et heureux sous la tutelle de son évêque, il tâche d'être fidèle en de petites choses, pour obtenir cette faveur, s'il peut et s'il doit y avoir lieu ici à une faveur.

Que M. l'abbé Brière ait tort ou raison, il y a, dans le cœur des prêtres français, un vœu, c'est le rétablissement effectif des officialités, suivant le décret du Concile de Paris. A Dieu ne plaise que je m'associe en ce lieu aux diatribes qu'on a faites contre l'autorité épiscopale, et mon fils se croit redevable, en plusieurs points, à la miséricorde de son évêque. Mais il pense avec des hommes distingués, que le pouvoir épiscopal gagnerait à ce rétablissement, non moins que la liberté individuelle des prêtres inférieurs. En demandant un jugement à l'Église, il réclame donc avant tout un droit qui exclut l'arbitraire, et sauvegarde cette dignité que tout homme est fier de conserver à l'ombre de la loi. Le pouvoir civil, m'a-t-il dit, est, sur ce point,

parfaitement d'accord avec les ecclésiastiques ; et
M. le Président du Conseil d'État, ayant daigné admettre mon fils à son audience, daigna l'assurer aussi que cette idée était *très sérieuse, très utile* et *très pratique*. Pour lui-même, il compte plus sur la miséricorde et l'équité de son évêque que sur toutes les officialités ; et quand même la loi lui manquerait, dit-il, le cœur du Souverain Pontife lui resterait toujours ; ce serait son dernier refuge, et c'est là qu'il se jette tout d'abord avec la foi qui mène à Dieu.

S'il faut en venir maintenant à la question de fait, c'est-à-dire aux idées que mon fils a mûries par huit années de réflexions, il n'y a pas seulement dans son esprit des pensées spéculatives, mais aussi des projets ; et comme ces projets ont paru exagérés par leur ampleur, je supplie humblement Votre Sainteté de vouloir bien observer les points suivants : 1° Si M. le vicaire de Bonneval espère de grandes choses, c'est qu'il espère faire *adopter* sa pensée par le souverain pontife, chef suprême de l'église catholique ; et aussi, d'après son vœu spécial, par l'Empereur et la France. Du reste, la France, à ses yeux, n'est point une province bornée par le Rhin et les Alpes : la France, comme lui disait un officier de votre palais, dans l'antichambre pontificale, *c'est la patrie du noble enthousiasme, de la grandeur d'âme, de l'esprit chevaleresque* (textuel), et tous les cœurs généreux sont des cœurs français. 2° Si d'autre part mon fils espère ces hautes protections, c'est que d'après des jugements respectables, quoique non définitifs, ses projets, étant d'une utilité vraiment générale, méritent d'occuper l'attention de ceux qui sont pour lui les représentants suprêmes de Dieu sur la terre : il a pu varier dans quelques accessoires de sa pensée, laquelle d'ailleurs ne sera définitive qu'après l'approbation suprême du chef de l'Église, et l'assentiment par lui demandé au chef de l'État ; mais cette pensée a toujours été *la même*, d'après le témoignage de Monseigneur, et si Richelieu a eu trois projets, lui-même, dit-il, n'en a qu'un. 3° Pour réaliser leurs desseins, d'autres venus dans les siècles passés ont songé à fonder des congrégations : tel n'est point le but de mon fils ; et, d'après un conseil qu'on lui a donné jadis, il aspire simplement à l'honneur de vous appartenir spécialement, en obtenant, s'il est possible, un titre qui l'attache à votre maison et à celle de S. M. l'Empereur (1). Il croit que cela peut se faire sans qu'il rompe tout lien avec son diocèse, et son âme est résumée dans les paroles d'un grand évêque qui a tant illustré le pays chartrain : « Je suis chrétien, je suis Français, je mourrais mille fois avec joie pour conserver le premier de ces titres, parce qu'il est immortel, et qu'il donne l'immortalité ; je chéris l'autre profondément, parce qu'il a été pendant mille ans et plus l'emblème de la foi, de la générosité et de la gloire, et que dignement porté, il est un des biens d'ici-bas les plus désirables et la plus belle décoration dont on puisse s'honorer sur la terre. » Votre Sainteté saura pareillement ce que mon fils désire tenir de moi-même, et sans vouloir aucunement m'immiscer dans ses affaires, je me contente de faire connaître en termes généraux une idée que je ne connais pas.

(1) M. le vicaire de Bonneval, très heureux dans le poste qu'il occupe, ne demande rien que pour son idée, si elle est jugée vraie et utile. Il sait que le monde peut très bien se passer de lui, et, pour ne surprendre la bonne foi de personne, il me prie de déclarer qu'il ne pourrait accepter les faveurs du Souverain Pontife qu'autant qu'il lui serait permis de professer la foi au dogme de la souveraineté nationale, et celles de l'Empereur, qu'après avoir obtenu la modification d'une loi dont il parlera, s'il a l'espoir d'être entendu.

IDÉE GÉNÉRALE

L'unité est le but suprême des œuvres de Dieu; Jésus-Christ, au dix-huitième chapitre de l'Évangile de saint Jean, lorsqu'il verse ses pensées dans l'âme de ses disciples, demande la consommation des élus dans l'unité. C'est à ce vœu suprême de l'Homme-Dieu, à cette volonté du Sauveur mourant, que mon fils rapporte tous ses vœux. *Omnes unum sint*, que tous soient un; voilà sa formule idéale, et ses projets, considérés dans leur ensemble, ont un côté humain, puis un côté mystique et divin.

1° L'unité des peuples paraît être le but du progrès social, et la société moderne, avec ses aspirations sublimes, salue les clartés prochaines d'une unité féconde où tous les peuples se donneront un fraternel baiser. D'autre part, les promesses relatives à la proclamation dogmatique de l'Immaculée Conception nous font pareillement espérer *la paix*. C'est à ce but que se rapportent les projets de mon fils; il n'est point question dans son esprit de bouleverser le monde par l'application forcée de ces utopies qui ont été, dans un temps peu éloigné de nous, le rêve d'un jour, et il s'agit bien moins, dit-il, de décréter l'unité des peuples que de les amener à s'unir, sans la destruction des nationalités, en suivant les douces voies d'une persuasion lente et progressive. Il espère que d'autres, venus après lui, auront sur ce point des idées bien plus justes et plus fécondes que les siennes; déjà l'unité dans les relations commerciales se propage et se fonde; pour lui-même, il désire amener le règne de l'unité dans les régions supérieures de l'intelligence et de la foi. Il a, entre autres, pour arriver à ce but, un projet scientifique, et un jour qu'il en conférait avec M. le maire de Chartres, ce magistrat, déclinant sa compétence avec une modeste retenue, daigna conseiller à mon fils d'en écrire à Monseigneur le cardinal-archevêque de Paris; l'éminent prélat, sans assumer sur lui aucune responsabilité doctrinale, répondit ces mots, que mon fils a, dit-il, enchâssés dans l'or de sa reconnaissance : *Ce projet, conçu sur des proportions grandioses, est vraiment digne d'un prêtre de Jésus-Christ.* Ce point, et beaucoup d'autres, seront expliqués en temps et lieu.

2° M. l'abbé Brière résume dans cette phrase le côté mystique de son idée : *accomplir les vœux de Pie IX en appliquant les pensées de l'empereur Napoléon pour la réalisation de la volonté suprême de Jésus-Christ.* C'est ici qu'il y a une question dogmatique sur la notion métaphysique de la volonté de Dieu, et un coup-d'œil d'ensemble sur la raison suffisante des œuvres divines. D'après quelques bruits vagues, on a voulu injustement assimiler les pensées de mon fils à des erreurs condamnées, et il pense qu'à défaut d'autre mérite il a au moins celui de l'originalité. J'aime à proclamer que, d'après lui, il n'y aura jamais d'autre sauveur que Jésus-Christ, d'autre religion que sa religion, d'autre église que son église. En attendant avec humilité un jugement définitif, il s'unit simplement avec une foi pleine d'amour à ce *serment* divin, à cette parole d'honneur de celui qui a créé la terre et les cieux : *Amen, amen, dico vobis, si quid petieritis patrem in nomine meo, dabit vobis; usque modo non petistis quidquam in nomine meo : petite et accipietis, ut gaudium vestrum sit plenum.*

Il y a dans le diocèse de Chartres deux ecclésiastiques qui n'ont pas trouvé extravagantes les idées en question, et ils ont eu l'honneur d'en écrire à Votre Sainteté. Ces lettres se sont malheureusement égarées, et je suis heureux de rappeler ici que Vous avez déclaré Vous-même à mon fils n'en avoir jamais eu connaissance.

S. Ém. Mgr le cardinal-archevêque de Paris lui-même, sans assumer aucune responsabilité, a bien voulu, sur la demande des professeurs de l'institution Notre-Dame de Chartres, envoyer à Rome une lettre contenant l'exposé de l'idée en question, et cette missive a eu le sort de celles dont j'ai parlé plus haut.

On s'étonnera peut-être de m'entendre relater ces faits : je l'ai fait à dessein, pour montrer combien un simple prêtre a de difficultés pour communiquer avec le Saint-Siége, dont néanmoins il relève immédiatement, et d'où jaillit toute lumière pour l'intelligence, toute consolation pour le cœur.

Que si l'on m'objectait que ces lettres ne méritaient pas de réponse parce qu'elles contenaient des extravagances, j'essayerai d'atténuer au moins l'objection, en rappelant l'obéissance de mon fils, et aussi les quelques paroles toutes récentes de M. le président du Tribunal civil de Châteaudun. M. l'abbé Brière a donné pendant le carême des instructions dans cette ville, principalement par esprit d'obéissance envers son évêque, et le magistrat dont j'ai parlé, ayant entendu l'une de ces instructions, disait :

« J'ai été vraiment content de M. Brière; j'ai trouvé chez lui une élocution facile, un raisonnement juste et parfaitement suivi, surtout pas de phrases. »

Après ce court exposé, je supplie humblement Votre Sainteté de faire tout ce qu'Elle jugera utile et convenable pour les intérêts de mon fils. Aujourd'hui, le droit ecclésiastique en France est si peu défini, que pendant longtemps M. l'abbé Brière ne savait s'il devait s'adresser à Chartres, à Paris ou à Rome. Telle est la raison de certaines démarches qui ont paru contradictoires. Cette perplexité l'a porté à écrire de nombreuses lettres, mais à ceux que Dieu avait placés près de lui pour être les confidents de ses pensées. Si le contenu de ces lettres n'était pas toujours fondé en raison, les lettres elles-mêmes étaient un acte de confiance et de piété filiale.

Mon fils dira un jour toutes les marques de confiance qu'il a données à la sainte Église romaine. Au commencement de la présente année, il a eu l'honneur d'écrire, le jour de la fête de Sainte-Geneviève, patronne de Paris, à M. le secrétaire de la congrégation des Évêques et Réguliers, sans en appeler à personne ni contre personne. C'est à cette congrégation qu'il désire confier spécialement ses intérêts, parce que, lors de son voyage à Rome, en l'année 1854, elle lui a donné une réponse d'où il a conclu que Rome est sur la terre la reine de l'équité, la mère, la maîtresse et la gardienne du droit ecclésiastique.

Le dimanche des Rameaux il a pareillement écrit à Mgr de la Tour-d'Auvergne, son ancien condisciple de Saint-Sulpice ; et enfin le jour de Pâques, d'après la teneur de sa lettre du 3 janvier, il a eu l'honneur de s'adresser directement à S. Ém. le cardinal della Genga Sermattei, préfet de cette congrégation, dont il demande à Dieu de rehausser la gloire et la pacifique suzeraineté.

L'année dernière, à propos de quelques lettres dont j'ai parlé, certains bruits vagues et confus ont circulé dans la ville de Chartres relativement aux opinions de mon fils. Du reste ces bruits n'ont eu aucune consistance ; lors de son départ pour Bonneval, il n'en était nullement question ; depuis cette époque, il n'est plus absolument mention de rien à ce sujet. Mon fils a simplement exposé à Monseigneur ses pensées, qui lui apparaissent avec de nouvelles clartés, et il me disait que, eu égard seulement à ses sentiments intérieurs, il est sûr d'avoir raison comme il est sûr d'exister.

Néanmoins, quoiqu'il n'ait point été condamné, la désapprobation qui a frappé ses pensées, surtout à Rome, ne lui permet pas de douter qu'aujourd'hui il ne doive les tenir pour fausses : telle est bien la disposition sincère de son âme. Des personnes très bienveillantes lui ont en outre conseillé de se désister absolument. De là pour lui une perplexité qu'on ne peut se figurer sans l'avoir éprouvée. C'est pourquoi, Monseigneur l'ayant autorisé à communiquer avec ses supérieurs pour ses besoins d'âme et de cœur, et tout prêtre ayant pour supérieur le Souverain-Pontife, ainsi que tous les évêques du monde catholique, il m'a prié de faire part de ses sentiments d'obéissance et de confiance aux pasteurs de l'Église. Ma lettre ne leur parviendra pas à tous sans doute, et elle ne sera communiquée aux ecclésiastiques de Chartres qu'avec une permission formelle de sa Grandeur.

Quant à moi, très Saint-Père, en sollicitant de Votre affection une prière pour obtenir la grâce de bien mourir, je suis heureux d'avoir eu dans ma vie l'occasion d'offrir à Votre Sainteté l'hommage de mon respect le plus profond et de mes vœux les plus sincères.

LOUIS-CHARLES BRIÈRE,
Ancien Soldat de l'Empereur.

Cloyes-sur-le-Loir, le dimanche 22 avril, fête du Bon-Pasteur.

Paris. — Imp. de Dubuisson et Cⁱᵉ, rue Coq-Héron, 5. — (467).

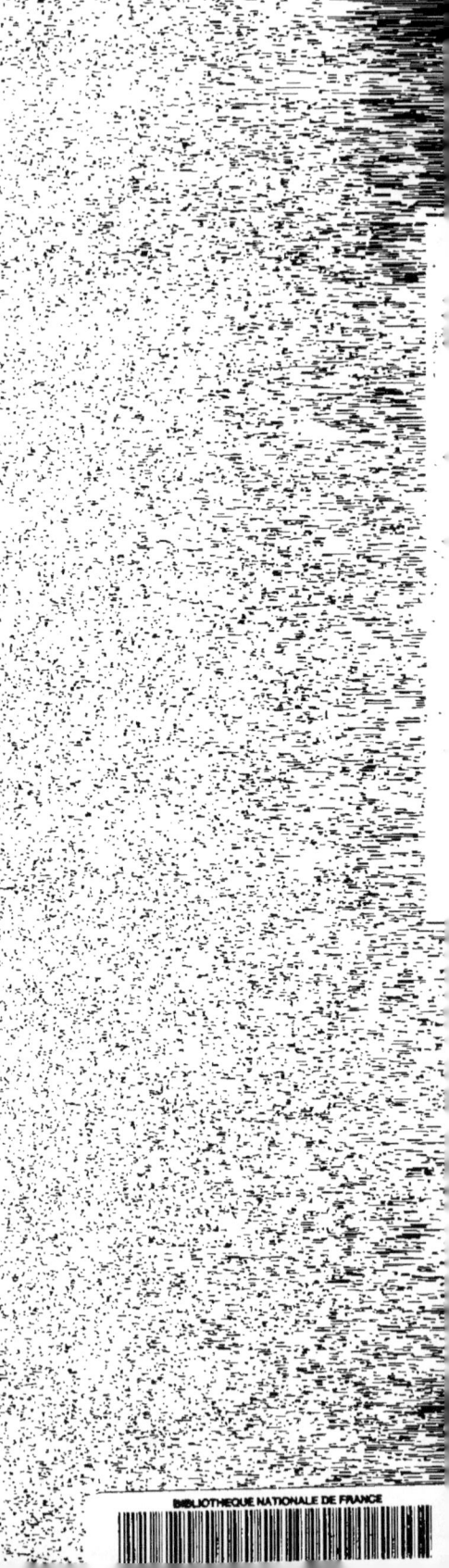